Je découvre la nature

Images numériques : Nick Wakeford et John Russell

Photos

p. 6 © Mike Wilkes/naturepl.com ; p. 8 © Juniors Bildarchiv/Alamy ; p. 10 © Roger Wilmshurst/Frank Lane Picture Agency/Corbis ; p. 14 © Frank Blackburn ; Ecoscene/Corbis ; p. 17 © Kim Taylor/Warren Photographic ; p. 18 © Woodystock/Alamy ; p. 20 © Photothema ; p. 21 © Meul/Arco/naturepl.com ; p. 22 © Kim Taylor/naturepl.com ; p. 24 © Kim Taylor/naturepl.com ; © Fabio Cardoso/Zefa/Corbis ; p. 26 © Julie Woodhouse/Alamy ; p. 29 © Brian Bevan/Ardea London Ltd ; p. 32 © Kim Taylor/Warren Photographic ; p. 34 © Johner Images/Getty Images ; p. 36 © Herbert Kehier/Zefa/Corbis ; p. 39 © Corbis ; p. 40 © Organics Image Library ; p. 40 © Blickwinkel/Alamy ; p. 42 © Ben Hall/rspb-images.com ; p. 44 © Duncan McEwan/naturepl.com

L'éditeur a tenté de retrouver et de citer tous les propriétaires des copyrights. Si toutefois il en a omis, il est disposé à rectifier cette erreur dans les prochaines éditions.

Je découvre la nature

Illustrations : Stephen Cartwright

Texte : Minna Lacey

Maquette : Doriana Berkovic et Michelle Lawrence

Autres illustrations : Molly Sage

Experts-conseil : Katrina Cook, Stuart Hine, Mandy Holloway et Bob Press du muséum d'histoire naturelle de Londres

Pour l'édition française : Traduction : Déborah Cixous

Rédaction : Renée Chaspoul et Nick Stellmacher

Amuse-toi à trouver le petit canard jaune qui se cache sur chaque double page.

Bienvenue à la ferme des Pommiers.

Voici madame Dupré, la fermière. Elle a deux enfants, Julie et Marc, et un chien, Caramel. Julie et Marc adorent jouer dans le pré, où ils observent les oiseaux et les papillons, ainsi que les fleurs et les arbres qui entourent la ferme. Toi aussi, amuse-toi à observer la nature.

Sommaire

Les oiseaux

Cet oiseau est un rouge-gorge.

Il est petit, et le plumage de sa poitrine et de sa gorge est rouge orangé.

Les rouges-gorges vont souvent dans les jardins chercher des baies et des vers à manger.

Les rouges-gorges ne sont pas trop farouches. Si tu restes immobile, ils s'approcheront peut-être de toi.

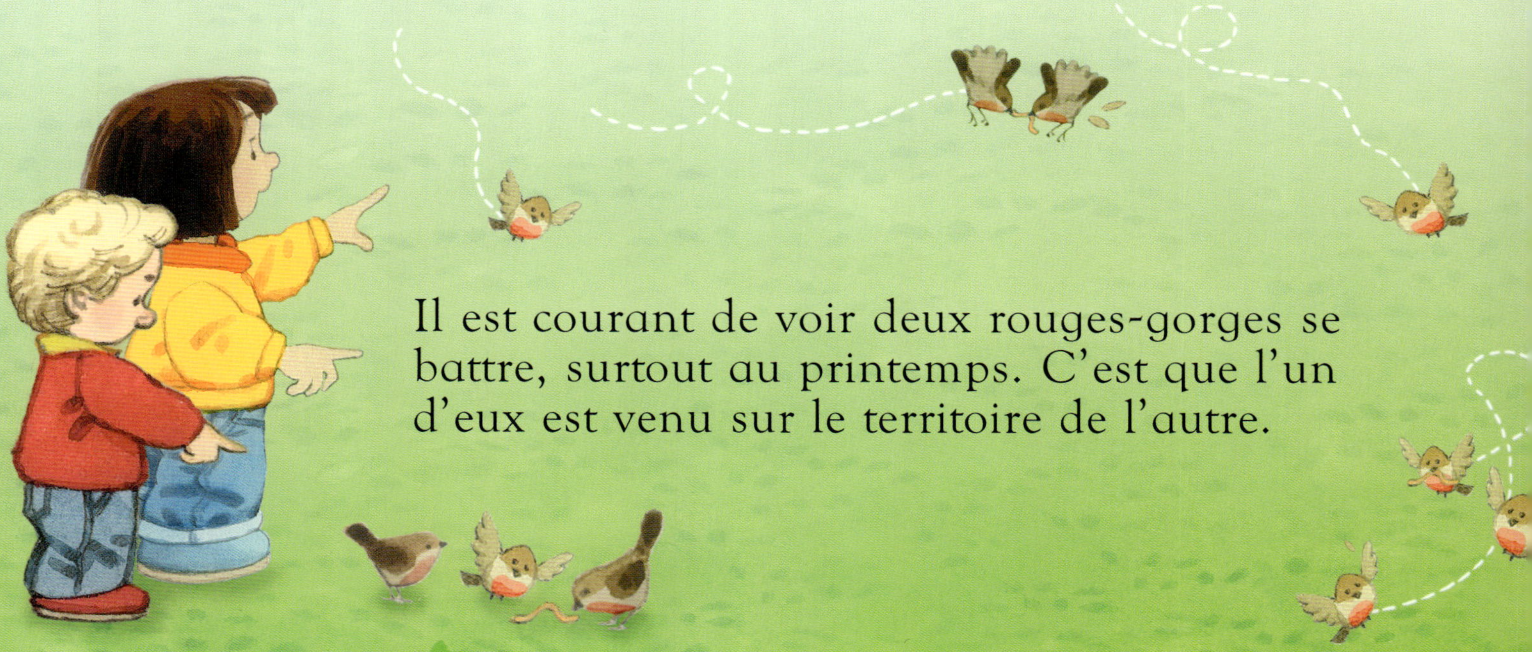

Il est courant de voir deux rouges-gorges se battre, surtout au printemps. C'est que l'un d'eux est venu sur le territoire de l'autre.

Voici d'autres oiseaux
à observer :

Le pinson

La mésange
charbonnière

La mésange
bleue

La grive
musicienne

L'étourneau

Le roitelet

Le verdier

Le merle

Le moineau
domestique

Lorsque tu te promènes, amuse-toi
à repérer les oiseaux. Apprends
également à reconnaître
leurs chants.

Nourrir les oiseaux

Pour attirer des oiseaux dans ton jardin ou sur ton rebord de fenêtre, mets-y de la nourriture. Ils aiment noix, graines, fruits et morceaux de couenne.

Julie et Marc mettent de la nourriture dans leur jardin en hiver, saison où les oiseaux ont plus de mal à trouver à manger.

Boule pour oiseaux

Les oiseaux sont très friands de ces boules faciles à réaliser.

1. Mets 150 g de saindoux dans un saladier et attends qu'il ramollisse.

2. Ajoute 200 g de raisins secs, de cacahuètes non salées* et de graines pour oiseaux.

Ces mésanges picorent dans une boule pour oiseaux.

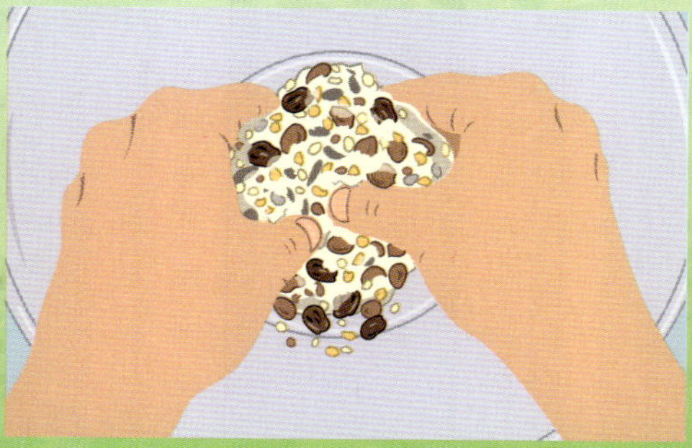

3. Mélange bien tous les ingrédients du saladier avec les doigts.

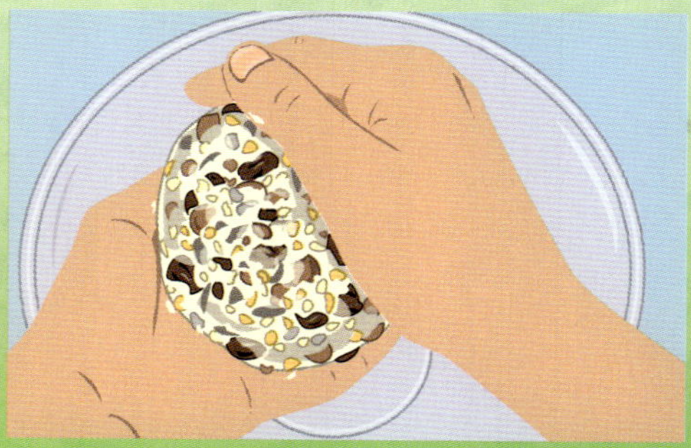

4. Roule la pâte obtenue en boule, puis laisse-la reposer au réfrigérateur.

5. Place la boule dans un filet en plastique et suspends-la à l'aide d'une ficelle.

* Cacahuètes non salées, car le sel n'est pas bon pour les oiseaux. Si tu es allergique aux noix, supprime cacahuètes et mélange de graines contenant des noix.

Enfilade de cacahuètes

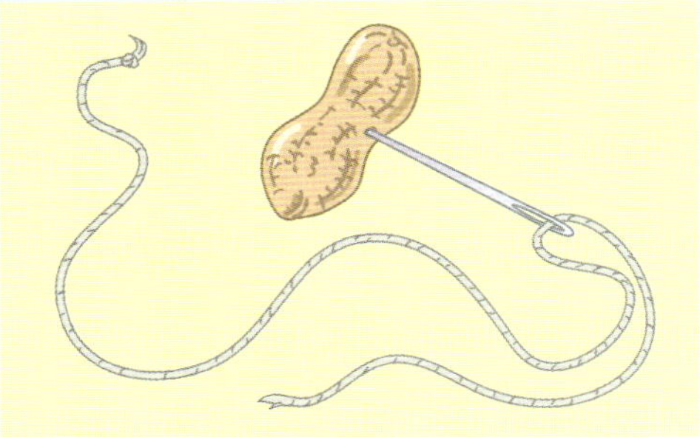

1. Enfile une ficelle dans une grosse aiguille à coudre, noue au bout et enfonce l'aiguille dans la coque d'une cacahuète.

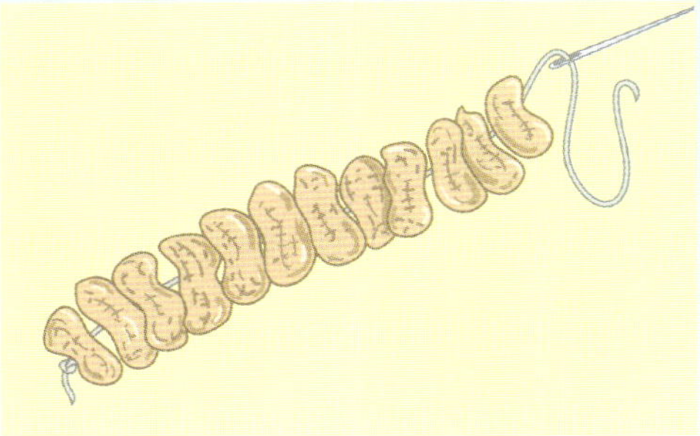

2. Passe l'aiguille à travers plusieurs autres cacahuètes en laissant assez de ficelle au bout pour pouvoir les suspendre.

Filet de cacahuètes

1. Remplis un filet en plastique de cacahuètes non salées, puis noue le dessus.

2. Attache une ficelle au sommet du filet, comme ci-dessus, puis suspends-le.

Les nids d'oiseaux

Au printemps, les oiseaux font des nids pour y pondre leurs œufs.

Cette grive a construit un nid à l'aide de brindilles, d'herbe et de mousse.

L'intérieur du nid est garni d'une couche de boue.

Le nid a la forme d'une cuvette pour empêcher les oisillons de tomber.

Si tu vois des oiseaux avec des brindilles ou de l'herbe dans le bec au printemps, c'est qu'ils doivent faire un nid pas loin.

Aider les oiseaux à faire leur nid

Laisse de quoi faire un nid devant chez toi pour inciter les oiseaux à s'installer là.

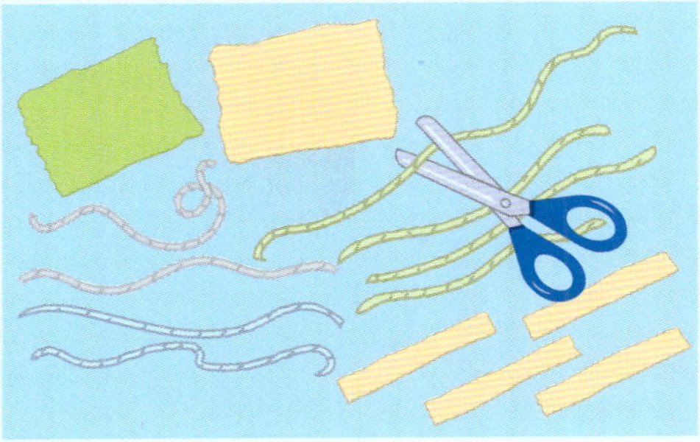

1. Découpe de la laine et du tissu de coton en plusieurs petits morceaux.

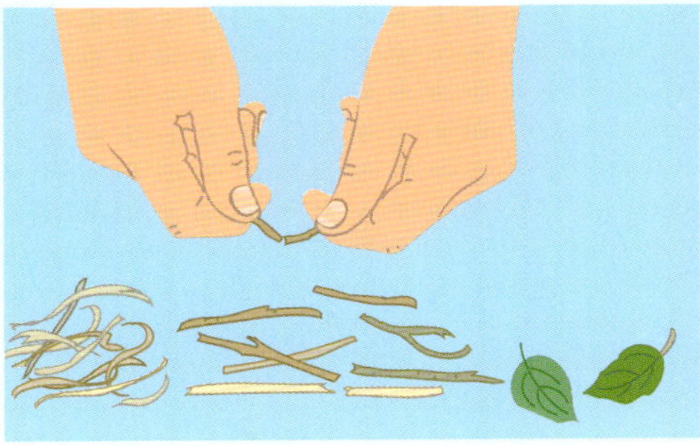

2. Ramasse herbe, feuilles et brindilles. Casse ces dernières en petits bouts.

3. Entasse tous ces éléments à un endroit que les oiseaux repéreront facilement.

De nombreux oiseaux tapissent leurs nids de boue. Julie et Marc ont creusé pour eux une petite flaque de boue dans leur jardin.

Les insectes

Il existe plus d'un million de variétés d'insectes dans le monde, dont les coléoptères et les papillons, ainsi que les sauterelles, les libellules et les abeilles.

Tous les insectes ont six pattes.

Les araignées et les mille-pattes ne sont pas des insectes, car ils ont plus de six pattes.

Le corps des insectes est formé de trois parties. Les vois-tu sur la guêpe ci-dessus ?

Voici quelques insectes très courants :

Beaucoup d'insectes sortent la nuit et sont attirés par la lumière. Amuse-toi à allumer une lampe de poche dans ton jardin pour voir combien tu en attireras ainsi.

Les papillons

Les papillons volettent au printemps et en été. Ils se nourrissent de nectar, le jus sucré des fleurs.

Ce papillon a un nom étrange : la petite tortue.

Ici, il boit le nectar de la fleur d'un arbre aux papillons.

La prochaine fois que tu verras un papillon se poser sur une fleur, observe-le sans bouger. Vois-tu sa fine trompe allongée qui lui sert de paille pour aspirer le nectar ?

Voici d'autres variétés de papillons à observer :

L'aurore

L'argus bleu

La piéride du chou

Le flouré

Le robert-le-diable

Le paon du jour

Le vulcain

Julie et Marc cherchent des papillons dans le jardin de la ferme des Pommiers.

Les chenilles

Les papillons sont d'abord des chenilles.

Cette chenille de sphinx du troène grignote des feuilles.

Elle attrape la nourriture avec ses six pattes de devant.

Ses dix autres pattes lui permettent de s'accrocher à la branche.

De la chenille au papillon

Une minuscule chenille éclot sur une feuille. Elle a très faim.

Elle grignote la feuille sur laquelle elle se trouve, puis d'autres, et grandit.

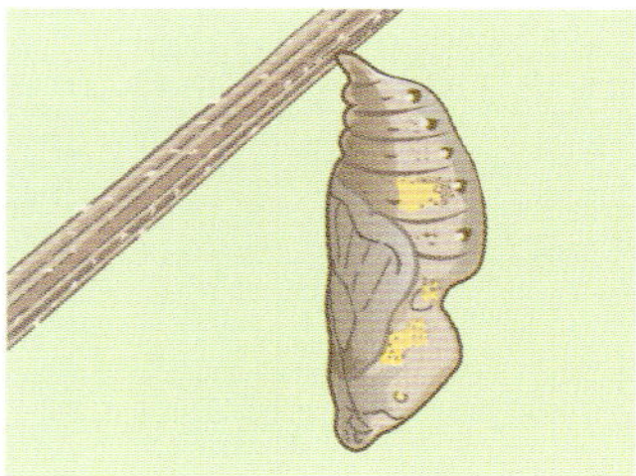

La chenille s'entoure d'un cocon rigide et se transforme en chrysalide.

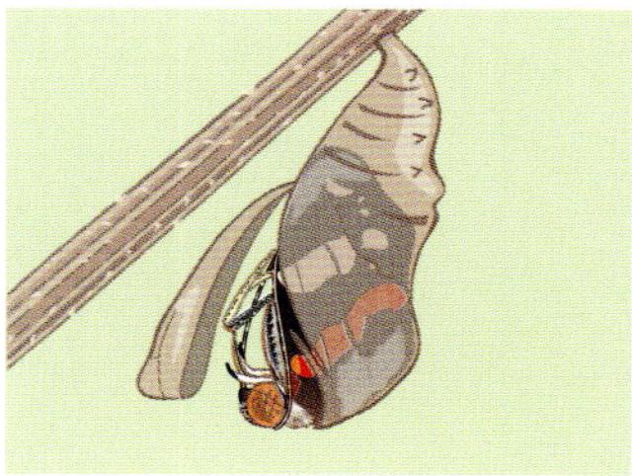

Après plusieurs semaines, voire plusieurs mois, un papillon en sort.

Cette belle-dame fait sécher ses ailes au soleil après être sortie de son cocon.

Une fois ses ailes sèches et rigides, elle s'envolera.

Pour trouver des chenilles, regarde sur le dessus et sur l'envers des feuilles, au printemps et en été.

Les coléoptères

Il existe une multitude de coléoptères.
La coccinelle en est un.

Comme tout coléoptère, elle a des ailes antérieures dures, les élytres, qui protègent ses ailes postérieures fragiles.

Les coccinelles courent sur les plantes en quête de moucherons et de pucerons à manger.

Il existe aussi des coccinelles jaunes.

La plupart des coccinelles ont le dos orné de points. Certaines en ont deux, d'autres sept ou plus. Essaie de compter les points des coccinelles que tu trouveras.

Voici d'autres exemples de coléoptères :

Marc et Caramel ont trouvé un coléoptère.

Les abeilles

Les abeilles volent de fleur en fleur afin d'en récolter le nectar et une poudre appelée pollen.

Cette abeille butineuse boit le nectar d'une fleur, avec lequel elle fera du miel.

Du pollen se dépose sur son corps poilu.

Elle le met dans ces sacs à pollen. Il servira à nourrir les bébés abeilles, ou larves.

Julie et Marc adorent écouter le bourdonnement des abeilles au printemps et en été. C'est le battement très rapide de leurs ailes qui produit ce bruit.

Les sauterelles

Voici une sauterelle des prés.

Ses longues pattes postérieures lui permettent de sauter.

Une sauterelle peut faire des sauts de 20 fois la longueur de son corps.

Écoute les sauterelles chanter dans l'herbe des prés et essaie de les trouver.

Limaces et escargots

Les limaces et les escargots aiment l'humidité.

Les escargots portent une coquille, pas les limaces.

En se déplaçant, les limaces et les escargots laissent derrière eux de la bave.

Cette bave leur permet d'avancer et de s'agripper au sol.

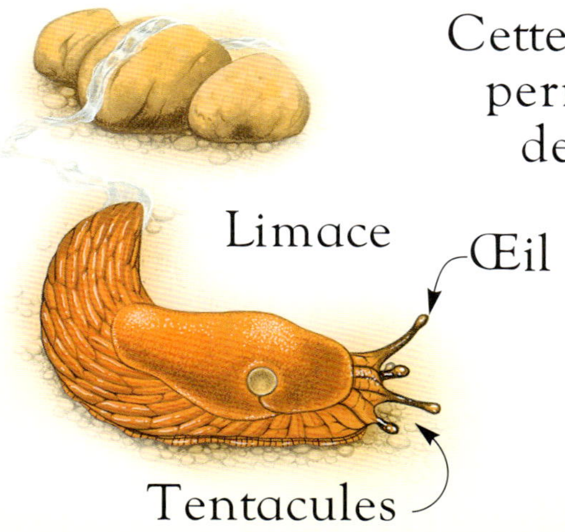

La plupart des limaces et escargots ont quatre tentacules sur la tête : deux longs dotés d'yeux et deux plus courts servant au toucher.

Vers de terre

Ils vivent enfouis dans la terre. Ils se nourrissent de plantes et de feuilles mortes.

Observation

Grâce à cette expérience, tu verras comment les vers creusent la terre.

1. Coupe une bouteille en deux et remplis-la de plusieurs couches de sable et de terre.

2. Dehors, cherche des vers dans la terre, puis place-les doucement dans la bouteille.

3. Scotche du papier noir autour de la bouteille. Couvre le dessus de cellophane.

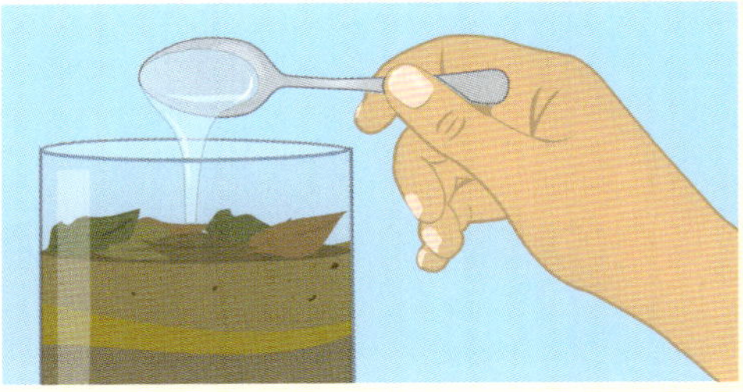

4. Verse quelques cuillères d'eau sur la terre chaque jour pour qu'elle reste humide.

5. Au bout d'une semaine, ôte le papier noir. Tu verras des tunnels dans la terre.

Lorsqu'il a plu, cherche les vers à la surface de la terre. Ils ne sortent que lorsqu'elle est bien humide.

Les petites bêtes

Il existe une multitude de petites bêtes.

On les trouve dans la terre, sous les bouts de bois, dans les tas de feuilles ou sous les pierres et les pots de fleurs.

En voici quelques-unes :

L'aselle des murs

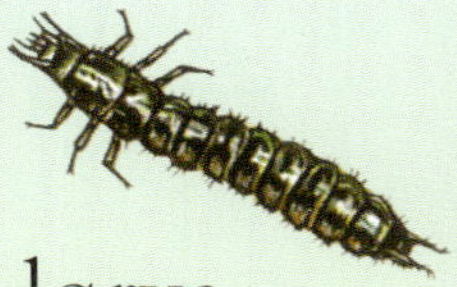

La larve de carabe

Le mille-pattes

L'acarien rouge

Le perce-oreille

La fourmi

Le cloporte

Cette scolopendre se déplace très vite en tortillant son corps.

L'odorat et le toucher sont assurés par ses longues antennes.

Elle sort la nuit chercher sa nourriture.

Trouver des petites bêtes

Cette expérience te permettra de trouver et d'observer des petites bêtes.

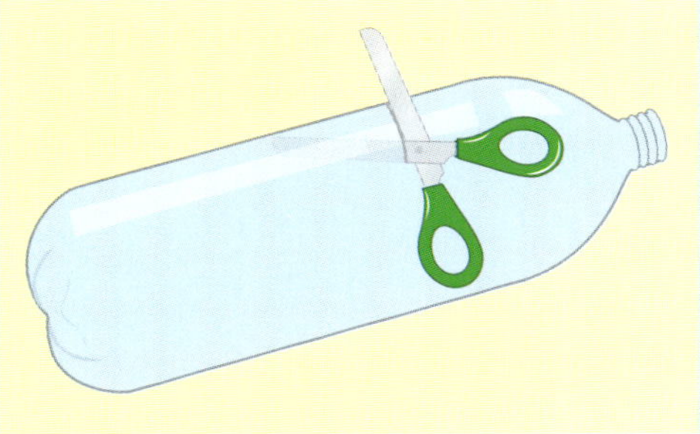

1. Découpe une bouteille aux deux tiers. Retourne la partie du haut dans celle du bas.

2. Remplis la partie du haut de terre de ton jardin, de plantes et de feuilles mortes.

3. Place-la une heure sous une lampe. Les bestioles vont tomber dans la partie du bas.

4. Regarde si tu trouves des petites bêtes au fond et essaie de les identifier.

Julie cherche des bestioles dans une peau d'orange. Laisse une moitié d'orange à l'envers sur le sol durant la nuit. Tu y trouveras peut-être des petites bêtes le lendemain.

Les araignées

Les araignées ont toujours huit pattes et généralement six ou huit yeux.

Elle produit de la soie à l'intérieur de son corps.

Cette soie lui sert à tisser une toile.

Grâce à cette toile, elle attrape des insectes dont elle se nourrit.

La toile d'araignée

L'araignée sent bouger la mouche piégée dans sa toile.

L'araignée se dirige rapidement vers sa proie.

Elle enveloppe la mouche de soie pour pouvoir la manger.

On trouve souvent des araignées dans les maisons, les cabanes, les jardins et les tas de bois. En voici quelques-unes à chercher :

La tégénaire est une grosse araignée brune à longues pattes.

Le saltique arlequin a le corps zébré et saute sur les insectes pour les attraper.

L'araignée crabe se déplace latéralement, comme les crabes.

L'araignée-loup, ou lycose, est souvent grosse, poilue et rapide.

L'araignée cracheuse projette une soie gluante sur sa proie pour la piéger.

Madame Dupré, Marc et Caramel regardent les toiles d'araignées tissées devant la fenêtre. Les gouttes de pluie tombées sur les toiles permettent de les voir plus facilement.

Les grenouilles

Les grenouilles naissent dans l'eau, mais passent la plupart de leur temps à sauter sur la terre. Elles appartiennent à une classe d'animaux appelée les amphibiens.

Voici une grenouille verte.

Elle attrape des mouches et d'autres insectes à l'aide de sa longue langue gluante.

Ses puissantes pattes arrière lui permettent de sauter et de nager.

Sa peau humide la protège de la chaleur.

Elle nage vite grâce à ses doigts palmés.

Julie et Marc observent ces grenouilles, qui ont d'abord été des larves dans l'étang de la ferme des Pommiers.

De la larve à la grenouille

Au printemps, les grenouilles pondent des œufs, appelés le frai, dans les étangs, lacs et cours d'eau.

Chaque œuf contient une larve. Au début, celle-ci ressemble à un point noir dans une boule de gelée.

Au bout de 4 à 5 semaines, un têtard sort de l'œuf. Il agite sa queue pour nager dans l'eau.

Au bout de 8 semaines, le têtard se munit de pattes. Au bout de 12 à 14 semaines, c'est une grenouille.

La plupart des grenouilles pondent deux à trois mille œufs d'un coup. Seuls quelques têtards survivront et donneront des grenouilles adultes.

Dans l'étang

Beaucoup d'animaux vivent dans les étangs.

À la fin du printemps et en été, regarde les libellules et les demoiselles qui survolent l'étang...

...mais aussi les grenouilles, tritons, araignées d'eau et notonectes qui sont dans l'eau.

La pêche aux insectes

La prochaine fois que tu seras au bord d'un étang, essaie d'attraper des insectes ou autres bestioles.

Mais ne t'approche pas trop du bord et fais-toi toujours accompagner d'un adulte.

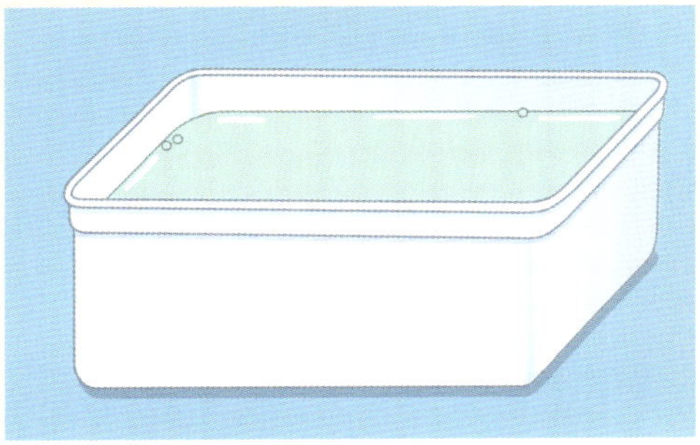

1. Prends un bac en plastique, comme un pot de glace, et remplis-le d'eau de l'étang.

2. Passe une épuisette dans l'eau de l'étang, puis vide-la avec soin dans ton bac d'eau.

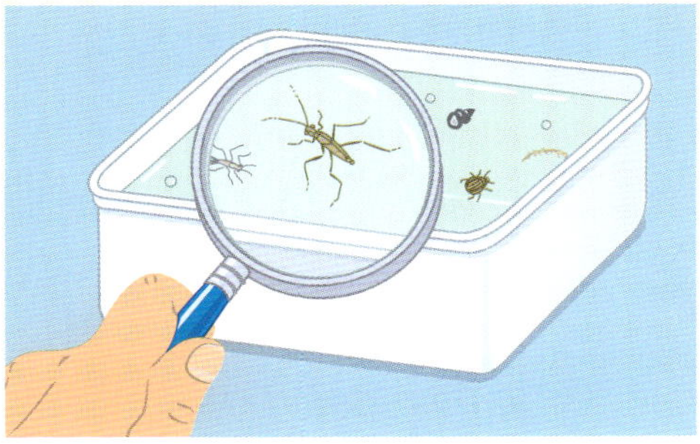

3. Essaie de reconnaître les bestioles que tu as attrapées, puis remets-les dans l'étang.

Les mammifères

Les mammifères sauvages sont difficiles à observer. Ils sont souvent farouches et s'enfuient dès qu'on s'approche d'eux.

Il est possible d'apercevoir renards, lapins, cerfs, souris et musaraignes dans les champs, les bois et les haies. Tu peux aussi chercher des rats musqués, des rats bruns et des loutres au bord des étangs et des rivières.

Voici un bébé lièvre brun. On l'appelle aussi levraut.

Il guette tout signe de danger en dressant ses longues oreilles.

Amuse-toi à chercher les mammifères suivants :

La musaraigne commune

Le daim

L'hermine

Le hérisson

Le renard

L'écureuil gris

Le rat brun

Les animaux ont un odorat plus développé que le nôtre. Pour t'approcher d'eux, place-toi face au vent afin qu'ils ne sentent pas ton odeur.

Les fleurs

Il existe des fleurs de toutes les formes, tailles et couleurs.

Ces fleurs sont des pavots.

Tout autour de la fleur se trouvent les pétales.

Le centre de la fleur est formé d'étamines, au bout desquelles se trouve le pollen.

De nouvelles fleurs pousseront à partir de ce pollen.

Les fleurs sentent souvent bon pour attirer les oiseaux et insectes. Amuse-toi à en renifler plusieurs pour trouver les plus odorantes.

Les fleurs séchées

Amuse-toi à décorer tes cartes et dessins de fleurs séchées. Demande d'abord à un adulte quelles fleurs cueillir, et ne prends jamais de fleurs sauvages.

1. Cueille plusieurs fleurs fraîches. Choisis-les bien ouvertes et intactes.

2. Place une feuille de papier épais au centre d'un livre, puis poses-y les fleurs à plat.

3. Place une autre feuille par-dessus les fleurs, puis ferme doucement le livre.

4. Empile plusieurs livres par-dessus et laisse les fleurs ainsi pendant quatre semaines.

5. Retire soigneusement les fleurs du papier, si nécessaire à l'aide d'un couteau.

Julie et Marc ont planté des tournesols dans leur jardin.

Les arbres

Les arbres sont les plus grosses plantes de la Terre.

Il y en a beaucoup à la ferme des Pommiers. Les arbres sont partout : dans les rues, les jardins, les parcs, les prés et les forêts.

Cet arbre est un chêne.

Les chênes vivent plus de 300 ans.

L'extérieur des arbres est enveloppé d'une écorce dure.

L'écorce protège les arbres de la sécheresse, des maladies et des animaux.

L'écorce des arbres

Les arbres ont différents types d'écorces. Décalque l'écorce de différents arbres pour comparer leurs motifs.

1. Scotche une feuille blanche sur un tronc d'arbre.

2. Frotte le côté d'un crayon cire clair sur la feuille.

3. Décroche la feuille et retires-en le scotch.

4. Procède de la même façon sur d'autres arbres.

5. Recouvre ces feuilles d'aquarelle de couleur vive.

Marc examine les cercles contenus dans le bois des troncs. Compte-les, et tu découvriras l'âge des arbres.

Les feuilles

Il existe différents types de feuilles.

En observant les feuilles de près, tu y verras des lignes : ce sont les nervures, qui transportent l'eau et la nourriture.

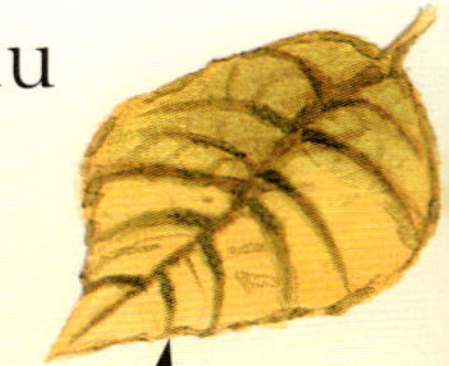

Feuilles caduques et persistantes

Certains arbres, comme le chêne, ont des feuilles caduques, qui tombent en automne.

D'autres ont des feuilles persistantes, qui restent sur l'arbre toute l'année, tel le houx.

Ces feuilles de houx sont coriaces et cireuses afin de résister au froid de l'hiver.

Motifs de feuilles

Ramasse différentes feuilles pour les reproduire et en faire des motifs.

1. Applique une couche homogène de gouache sur l'envers d'une feuille d'arbre.

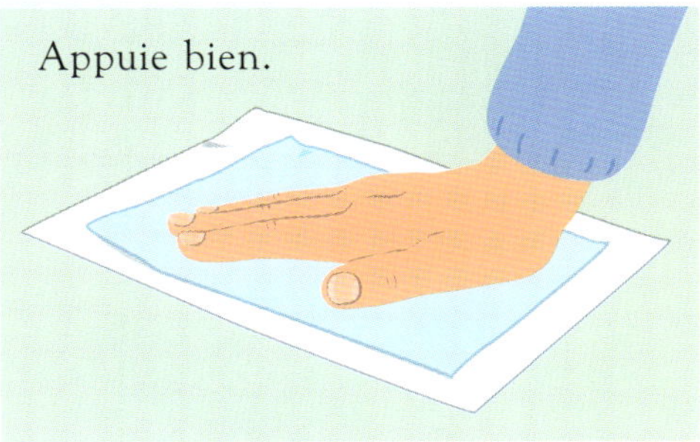

2. Pose la feuille sur du papier, côté peint dessous, et couvre-la de papier brouillon.

3. Retire le papier brouillon, puis soulève soigneusement la feuille d'arbre.

4. Pour des motifs plus pâles, recommence avec la même feuille trois ou quatre fois.

5. Ramasse d'autres types de feuilles et fais-en des motifs de différentes couleurs.

Les fruits

Après avoir fleuri, les arbres donnent des fruits à la fin de l'été et en automne.

Certains arbres donnent des fruits durs ou couverts d'épines, d'autres des fruits à la chair tendre.

Le fruit du chêne est le gland, un akène (fruit sec) lisse et rigide.

Gland

Les cerisiers donnent des cerises, petits fruits tendres et juteux.

Cerise

Julie et Marc aident madame Dupré à ramasser des pommes dans le pré. Même Caramel s'y met...

Amuse-toi à chercher
les fruits suivants :

En automne, on trouve par terre des fruits tombés des arbres. Essaie d'en trouver le plus possible.

Les graines

Chaque fruit contient une ou plusieurs graines, qui peuvent chacune donner une autre plante. Une fois les fruits mûrs, leurs graines sont propagées par les oiseaux et d'autres animaux, le vent ou l'eau.

Ce jeune merle mange les fruits d'un sorbier. Il mange aussi les graines qu'ils contiennent.

Lorsqu'il s'envolera au loin, il propagera les graines par le biais de sa fiente.

Certaines de ces graines donneront de nouveaux sorbiers.

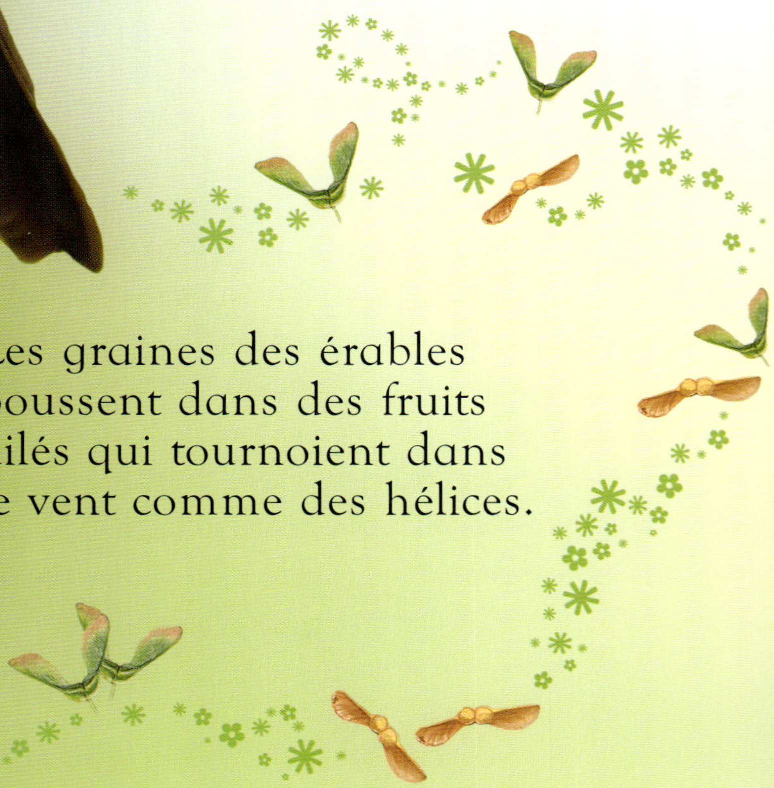

Les graines des érables poussent dans des fruits ailés qui tournoient dans le vent comme des hélices.

La semence

Les pépins de la pomme sont des graines. Tu peux t'en servir pour faire pousser un pommier.

Quand les semis auront assez poussé, transfère-les dans un autre pot ou plante-les dehors.

1. Mets quelques cailloux au fond d'un pot de fleurs, puis place-le sur une petite assiette.

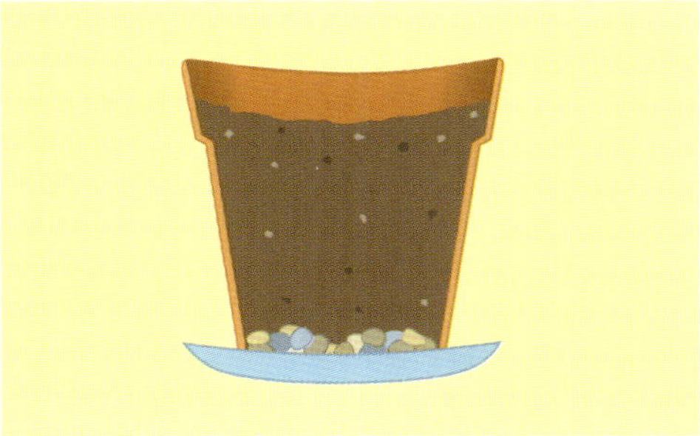

2. Remplis le pot de terre ou de terreau, puis arrose le tout jusqu'à ce que ce soit humide.

3. Creuse plusieurs trous de 1 cm de profondeur avec ton doigt.

4. Place un pépin de pomme dans chaque trou. Recouvre-les de terre et tasse le tout.

5. Recouvre le pot d'un sac plastique pour que la terre reste humide. Mets au soleil.

6. Dès qu'une pousse paraît, retire le sac, puis arrose la terre deux fois par semaine.

Les bourgeons

En hiver, Julie et Marc observent les bourgeons qui poussent sur les branches des arbres. Ces bourgeons contiennent des feuilles et des fleurs bien enveloppées.

Voici des bourgeons d'érable blanc.

Ils sont couverts d'écailles rigides et collantes.

Elles protègent les pousses de ces bourgeons.

Écailles

Ces bourgeons éclateront au printemps, lorsqu'il fera plus chaud.

Des feuilles pousseront à cet endroit.

En mettant des brindilles bourgeonnantes dans de l'eau, tu arriveras à les faire éclater plus tôt.

Amuse-toi à chercher les bourgeons de ces arbres :

Le noyer

Le magnolia

Le châtaignier

Le hêtre

Le merisier

Le saule

Les saisons

Le printemps

Au printemps, le temps se réchauffe et des feuilles poussent sur les arbres. Les oiseaux commencent à faire leur nid et à la ferme, de nombreux animaux mettent bas.

Cherche les arbres fruitiers en fleurs et les premières fleurs printanières à la surface du sol.

L'été

L'été, le temps est chaud et ensoleillé, et les arbres sont couverts de feuilles vertes. Julie et Marc aiment observer les fleurs sauvages dans les prés et dans les haies de la ferme.

Tu verras des oiseaux en train de nourrir leurs oisillons et des insectes comme les papillons, les abeilles et les libellules.

L'automne

En automne, le temps se rafraîchit. De nombreuses feuilles deviennent orange et tombent des arbres.

Tu verras dans les bois et les prés des champignons, de grandes araignées des jardins et des écureuils qui enterrent des noix.

Julie et Marc aiment jouer avec les feuilles mortes et ramasser les glands et les marrons tombés par terre.

L'hiver

En hiver, il fait froid et rien ne semble pousser dans la terre.

Beaucoup d'animaux tels que souris, ours, grenouilles, chauves-souris et couleuvres se plongent dans le sommeil : c'est l'hibernation.

Julie et Marc adorent faire des bonshommes de neige et chercher les mares et les flaques gelées.

Quelques définitions

abdomen
Partie arrière du corps des insectes.

amphibien
Animal qui éclot dans l'eau, mais vit à la fois dans l'eau et sur terre, tels les grenouilles, crapauds et tritons.

antennes
Longues protubérances qui se dressent sur la tête des insectes et qui leur servent au toucher.

caduc
Les feuilles caduques sont celles qui tombent à l'automne et en hiver.

chrysalide
Stade de la transformation de la chenille en papillon, qui vit dans un cocon.

cocon
Enveloppe d'un insecte au stade intermédiaire entre la larve et la forme adulte.

coléoptère
Type d'insecte au dos muni d'élytres, ou ailes antérieures, pour protéger ses ailes.

hiberner
Passer les mois d'hiver dans un sommeil profond.

insecte
Petit animal doté d'un corps en trois parties, de six pattes et souvent d'une paire d'ailes.

larve
Stade de développement de l'insecte avant qu'il prenne sa forme adulte.

mammifère
Animal au sang chaud recouvert de fourrure. Les femelles produisent du lait afin de nourrir leurs petits.

nectar
Liquide sucré contenu dans les fleurs.

nervures
Lignes des feuilles par lesquelles passent la nourriture et l'eau.

persistant
Les feuilles persistantes sont celles qui restent sur l'arbre toute l'année.

pollen
Fine poudre contenue dans les fleurs.

terreau
Mélange de terre enrichie dans lequel on plante des graines.

thorax
Partie du milieu du corps des insectes.